100 cosas que deberías saber sobre los VIKINGOS

Contenido

¿Quiénes eran los vikingos?

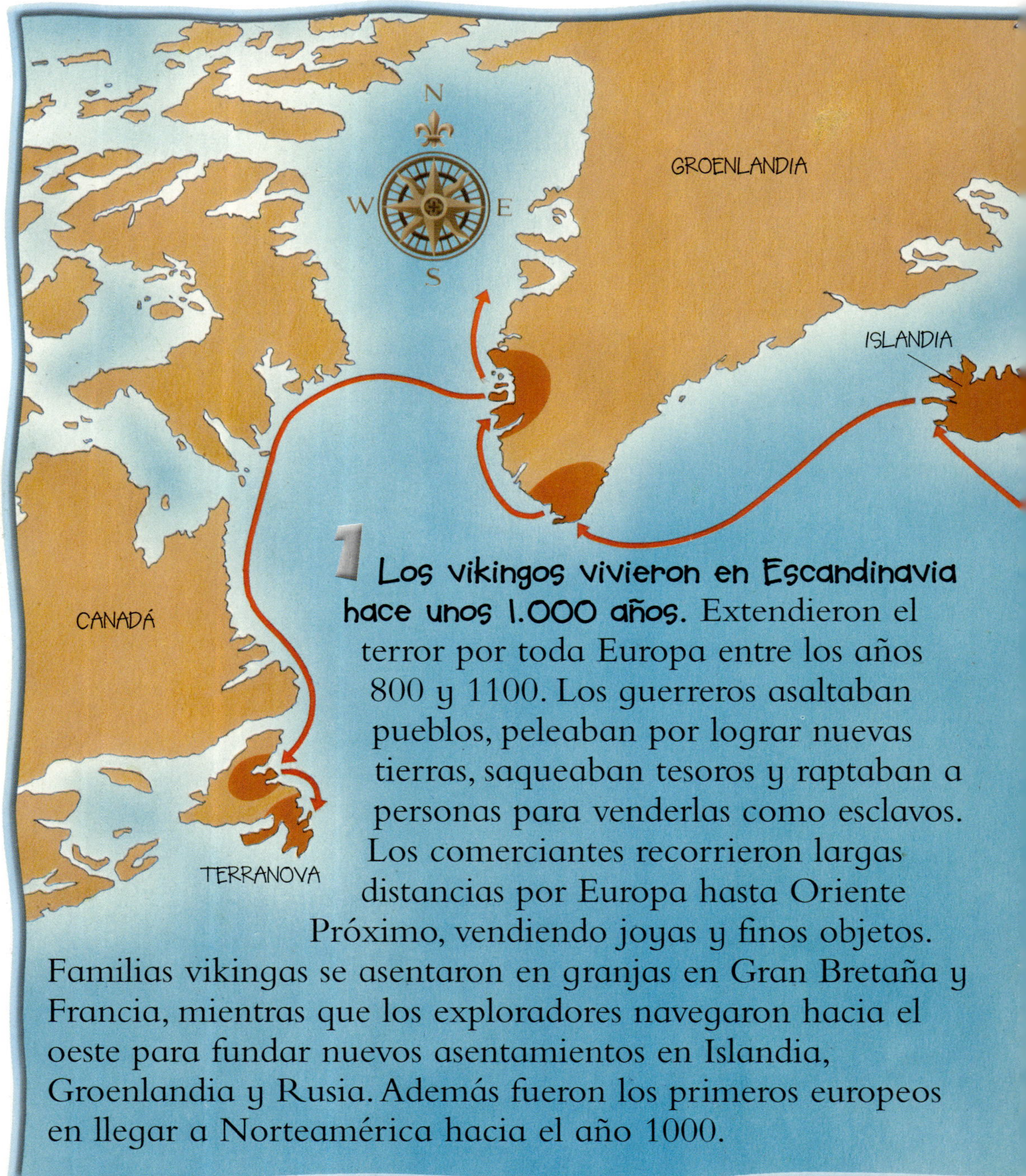

1 Los vikingos vivieron en Escandinavia hace unos 1.000 años. Extendieron el terror por toda Europa entre los años 800 y 1100. Los guerreros asaltaban pueblos, peleaban por lograr nuevas tierras, saqueaban tesoros y raptaban a personas para venderlas como esclavos. Los comerciantes recorrieron largas distancias por Europa hasta Oriente Próximo, vendiendo joyas y finos objetos. Familias vikingas se asentaron en granjas en Gran Bretaña y Francia, mientras que los exploradores navegaron hacia el oeste para fundar nuevos asentamientos en Islandia, Groenlandia y Rusia. Además fueron los primeros europeos en llegar a Norteamérica hacia el año 1000.

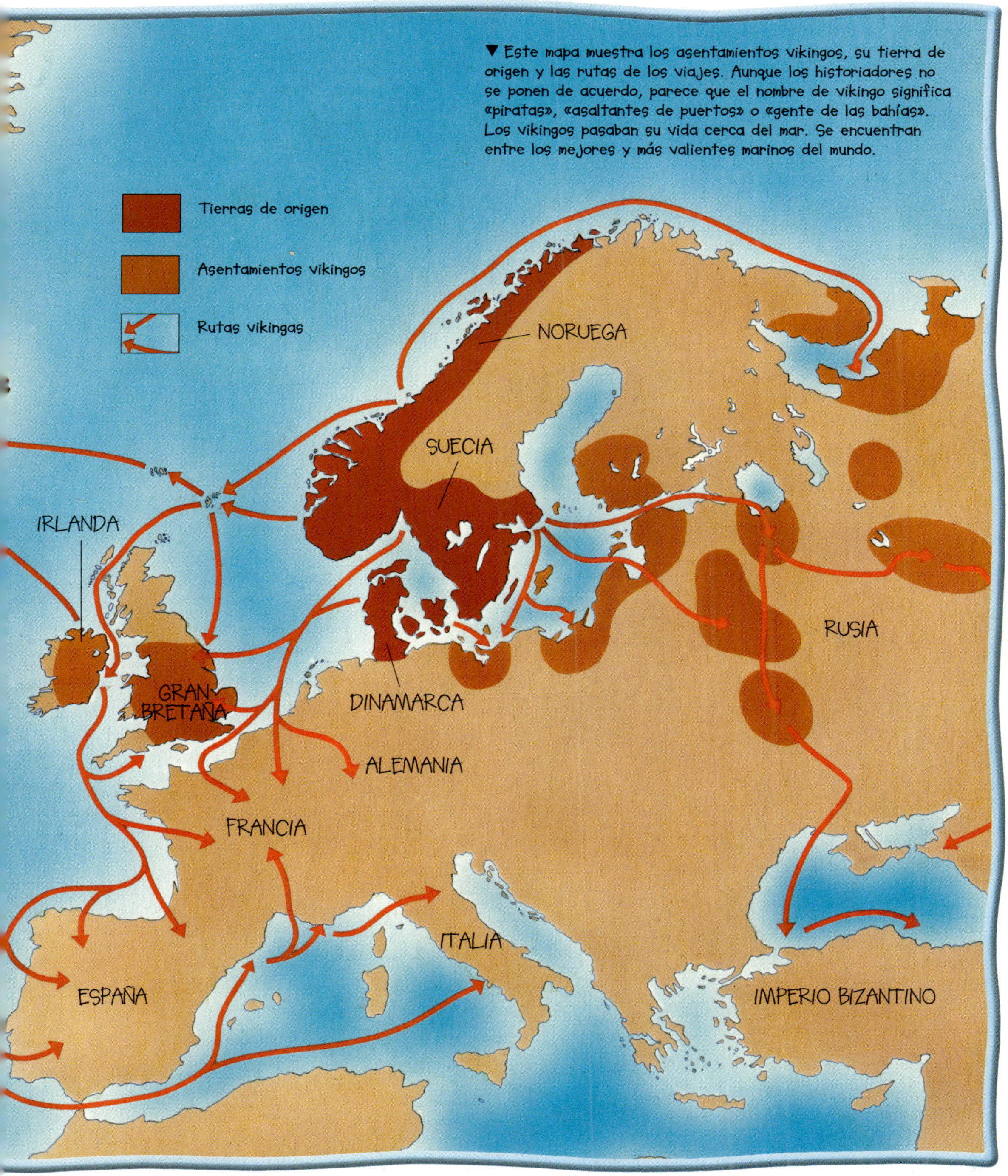

▼ Este mapa muestra los asentamientos vikingos, su tierra de origen y las rutas de los viajes. Aunque los historiadores no se ponen de acuerdo, parece que el nombre de vikingo significa «piratas», «asaltantes de puertos» o «gente de las bahías». Los vikingos pasaban su vida cerca del mar. Se encuentran entre los mejores y más valientes marinos del mundo.

Reyes y pueblo

2 **Había tres clases sociales en la sociedad vikinga.** La clase superior incluía a los nobles (reyes o jefes); eran ricos, tenían tierras y muchos sirvientes. Los hombres libres, el grupo medio, eran agricultores, comerciantes y artesanos (también sus esposas). Los esclavos formaban la clase baja. Trabajaban para los nobles y los hombres libres; no podían dejar a su dueño.

▲ Esclavos, agricultores y guerreros se esforzaban porque sus tierras fueran ricas.

3 **Los señores de la guerra vikingos se convirtieron en reyes.** Al principio los jefes locales controlaban grandes terrenos y poseían ejércitos de hombres libres. A lo largo de los siglos, algunos nobles se hicieron más ricos y poderosos gracias a los asaltos y a la conquista de tierras. Hacia el año 1050 cada país vikingo estaba controlado por un único noble, que recibió el título de rey.

◀ Famoso por su crueldad, Erik Bloodaxe fue el último vikingo en gobernar el reino de Northumbria, al noreste de Inglaterra.

4 **El rey Erik Hacha Sangrienta mató a sus hermanos.** Cuando moría un rey vikingo, cada uno de sus hijos tenía el mismo derecho a heredar el trono. Con frecuencia, los miembros de la familia real tenían que conquistar luchando el derecho a gobernar. En el año 930 el rey Erik de Noruega mató a sus hermanos para gobernar en solitario.

5 **El rey Harald Dienteazul dejó un magnífico recuerdo.** El rey Harald gobernó Dinamarca desde el año 935 al 985. Fue uno de los primeros reyes vikingos en convertirse al cristianismo. Mandó construir una iglesia en Jelling, el antiguo cementerio real vikingo, e hizo desenterrar y volver a enterrar allí los cuerpos de sus padres. Ordenó también la construcción de una espléndida estela piramidal junto a la iglesia, en su memoria. Esta «piedra de Jelling» se decoró con grabados vikingos y cristianos.

► La piedra Jelling (a la derecha de la imagen) muestra grabados de una serpiente y un león, luchando. Simbolizan las fuerzas del bien y del mal.

6 **El rey Canuto gobernó un imperio europeo, pero ¡no tenía poder sobre las olas!** El rey Canuto fue uno de los reyes vikingos más poderosos. Hacia el año 1028 gobernaba Inglaterra, Dinamarca y Noruega. Sin embargo, no quería parecer demasiado orgulloso. Por tanto, un día, preparó una reunión extraordinaria en una playa inglesa y ordenó a las olas que le obedecieran. Como no lo hicieron, el rey dijo: «Esto demuestra que soy débil. Sólo Dios puede controlar el mar.»

¡NO ME LO PUEDO CREER!

Muchos gobernantes vikingos tenían nombres extraños y violentos, como Svend Barba de Horquilla, Einar Boca Falsa, Thorfinn Rompecráneos y Sigurd el Corpulento.

Navegantes y asaltantes

7 Los vikingos tenían varias clases de barcos. Los mercantes eran lentos y pesados, con cascos amplios para las mercancías. Los barcos de río eran pequeños y sólidos, con espacio para los pasajeros. Los navíos más espléndidos eran los drakar (barcos dragones), diseñados para la guerra. Eran largos, esbeltos y rápidos, con la proa y el timón decorados, y la quilla poco profunda para vadear en las playas donde cometían sus asaltos.

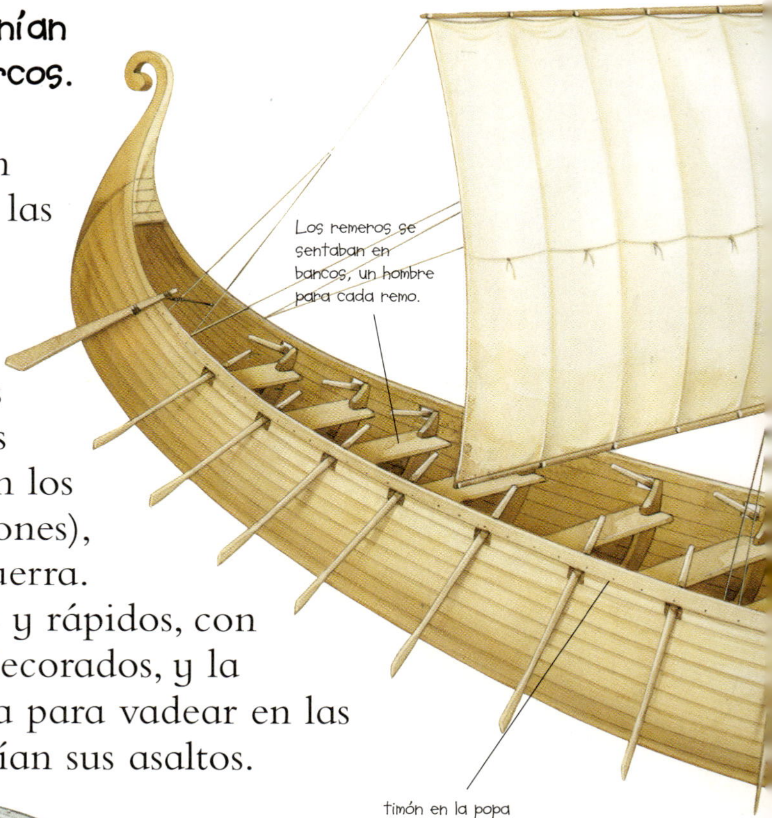

TEST

1. ¿Qué era un drakar?
2. ¿Cuándo gobernó Dinamarca Svend Barba de Horquilla?
3. ¿Qué madera se usaba para fabricar la quilla del barco?

Respuestas:
1. Un barco vikingo 2. 985-1014
3. Madera de roble

8 Los marinos se guiaban por las estrellas. Los vikingos no tenían radios ni satélites que les ayudasen a orientarse en alta mar. Observaban atentamente el Sol por el día y las estrellas por la noche para deducir su posición. Estudiaban los vientos, las olas y las corrientes oceánicas, así como los movimientos de los peces y las aves marinas.

9 Los armadores buscaban árboles altos.

Usaban madera de roble para construir la quilla (armazón) de los barcos. Las quillas más grandes procedían de árboles de al menos 40 metros de altura. Los constructores añadían largas planchas de roble, fresno o abedul para fabricar el casco. Para los mástiles usaban troncos de árboles altos y rectos, como los del pino.

▼ Barco dragón vikingo. Su casco largo y esbelto está construido con planchas de madera superpuestas y unidas con clavos de hierro. Su alto mástil es un único tronco de pino.

10 Los piratas exigían oro para marcharse.

Los piratas vikingos, como el rey Svend Barba de Horquilla (que gobernó Dinamarca del año 985 al 1014), exigían dinero con amenazas. Svend dirigió una escuadra de barcos de guerra vikingos hacia Inglaterra y prometió atacar si no se le pagaba. Cada vez que volvía, los ingleses le entregaban el *Danegeld* (dinero para los daneses), una vez y otra y otra...

11 Los asaltantes se llevaban consigo tesoros y esclavos.

Los nobles vikingos reclutaban guerreros leales para constituir fuerzas de asalto. Atacaban pueblos o monasterios para apoderarse de todo lo que fuera valioso, y capturar hombres y mujeres jóvenes para venderlos como esclavos.

▼ Las familias que habitaban en pueblos costeros vivían aterradas temiendo asaltos de los piratas vikingos.

Guerreros y armas

12 Los vikingos valoraban más la gloria que una larga vida. Creían que la fama de un guerrero muerto le sobrevivía y aseguraba la pervivencia de su nombre. Los mitos y leyendas también cuentan cómo los guerreros muertos en batalla iban al Valhalla, donde celebraban banquetes con los dioses.

13 Los berserks estaban locos por luchar. Los berserks («guerreros furiosos») eran guerreros que se vestían con pieles de animales y que entraban en trance antes de una batalla. Cargaban contra el enemigo, gritando y aullando como lobos y mordiendo sus escudos. En este estado, se convertían en salvajes, peligrosos para todo el que se cruzaba en su camino.

▲ Los guerreros berserks entraban como enloquecidos a luchar, llevando pieles de animales sobre su armadura de cota de malla.

14 Los señores llevaban a sus seguidores a batallar.

Los señores llevaban a sus seguidores a batallar. Cada rey o señor conducía a sus leales al campo de batalla contra un enemigo común. Los seguidores del señor luchaban para ganar honores y ricas recompensas, como joyas de oro o plata, o una parte del botín.

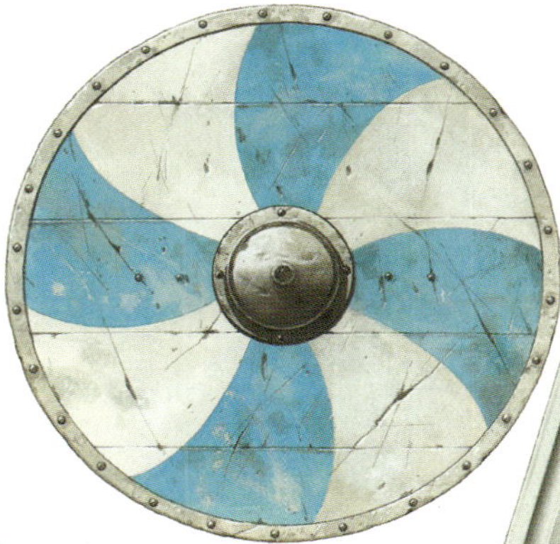

Los escudos redondos, de madera cubierta de cuero, llevaban un tachón (panel central) de metal, y protegían la mano y el brazo del guerrero.

15 Los guerreros ponían nombre a sus espadas.

Los guerreros ponían nombre a sus espadas. La espada era la posesión más preciada de un vikingo. A menudo, su propietario pedía que le enterrasen con ella y le daba un nombre, como «Afilado mordedor». Las espadas tenían doble filo y se fabricaban martilleando varias capas de hierro juntas. La empuñadura solía decorarse con dibujos en plata y oro.

Espada larga

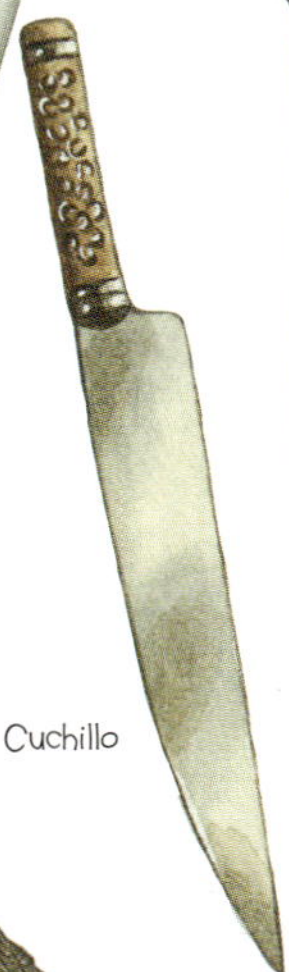

Cuchillo

16 Los guerreros vikingos vivían en campamentos y fuertes, lejos de sus casas.

Los guerreros vikingos vivían en campamentos y fuertes, lejos de sus casas. Algunos construían campamentos de cabañas de madera, rodeados por un montículo de tierra que remataba un muro de madera.

Casco de hierro decorado, con una máscara de metal protectora en torno a los ojos

Lanza larga y afilada

▲ Todos los soldados vikingos tenían que proporcionarse sus propias armas y armadura. Los más pobres llevaban capas y túnicas de cuero, y portaban cuchillos y lanzas. Los vikingos ricos podían costearse cascos de metal y túnicas, así como espléndidas y afiladas espadas.

¡NO ME LO PUEDO CREER!

Las mujeres vikingas también iban a la guerra, pero no luchaban. Cuidaban de los guerreros heridos y cocinaban para los hambrientos soldados.

Comerciantes, exploradores y colonos

17 Los comerciantes vikingos montaban en camello y llevaban sus barcos a cuestas. Algunos viajaron a través de Rusia hasta Constantinopla (la actual Estambul, en Turquía) y hasta Jerusalén (en Israel). Cada viaje duraba varios años. En Rusia transportaban sus barcos por tierra para ir de un río a otro. En el desierto cerca de Jerusalén, montaban en camellos, como los comerciantes locales.

▼ Los vikingos realizaban largos viajes a otras tierras durante el invierno. El suelo helado facilitaba el transporte, especialmente cuando llevaban cargas pesadas.

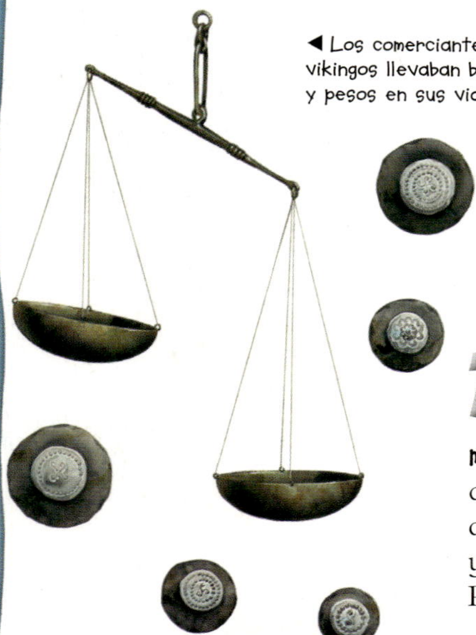

◀ Los comerciantes vikingos llevaban balanzas y pesos en sus viajes.

18 Los comerciantes llevaban balanzas y piezas de plata. Los vikingos comerciaban con gentes muy distintas. Algunos pueblos usaban monedas, otros preferían el trueque (intercambio). No había bancos en la época vikinga y no siempre disponían de la moneda adecuada para hacer negocios. Por tanto, compraban y vendían usando piezas de plata, que pesaban en pequeñas balanzas portátiles.

19 Los comerciantes llegaban a su hogar con muchas compras. Los comerciantes vikingos compraban y vendían mercancías. En Gran Bretaña adquirían trigo y tejidos de algodón; en Francia, vino y cerámica. Compraban vidrio en Alemania, joyas en Rusia y especias en Oriente Próximo.

TEST

1. ¿Dónde compraban joyas los vikingos?
2. ¿Quién fue el primer vikingo en llegar a América?
3. ¿Cuándo llegó a Groenlandia Erik el Rojo?

Respuestas:
1. En Rusia 2. Bjarni Herjolfsson
3. Hacia el año 983

20

Los vikingos se asentaron desde Escocia, en el norte de Europa, a Sicilia, en el sur. Allí donde llegaban fundaban pueblos y ciudades. A veces luchaban por la tierra con las gentes locales y otras convivían pacíficamente.

21

Los colonos fueron engañados para que fueran a Groenlandia. Erik el Rojo fue el primero en llegar a la isla de Groenlandia hacia el año 983. Era una tierra inhóspita y helada, con pocos pastos y poco adecuada para los cultivos. Sin embargo, Erik quería que algunas familias poblaran este nuevo asentamiento, por lo que la llamó Groenlandia, que significa «tierra verde». En el 986, colonos vikingos se hicieron a la mar para reunirse con él. Cuando descubrieron cómo era realmente la isla, ya era demasiado tarde para volverse atrás.

22

Los vikingos llegaron a América ¡por error! En el año 986, Bjarni Herjolfsson fue alejado de su ruta por una tormenta. Vio tierra, pero no se detuvo a explorarla. Unos años después, el colono de Groenlandia Leif Eriksson decidió explorar la tierra que Bjarni había llamado Hellulland, Markland y Vinland. Hoy sabemos que eran lugares de la costa este de Norteamérica.

► Los vikingos se asentaron en la costa de Groenlandia, ya que las tierras interiores estaban cubiertas de hielo. Estos asentamientos finalizaron entre los años 1480 y 1500, cuando el clima se hizo aún más frío.

El hogar de los vikingos

23 En los siglos VIII y IX, los vikingos se encontraban entre los mejores artesanos de Europa. Vivían en un entorno inhóspito de inviernos largos y fríos. Necesitaban un lugar para cobijar el ganado, así como a las personas. En las ciudades, cerdos, cabras y caballos se metían en establos; pero en el campo, construían cabañas grandes donde convivían las personas y los animales.

24 Los vikingos construían cabañas con tejados inclinados cubiertos de hierba. En muchas tierras donde se asentaban, como las islas Orcadas o Islandia, apenas había árboles. Por tanto, las familias construían sus hogares con paredes bajas de piedra y largos tejados de hierba y musgo. A veces importaban madera o recogían la que arrastraba la marea a la costa.

▶ Las cabañas se construían en pendientes para que los excrementos de los animales se deslizaran por la ladera, lejos de la casa.

25 Las casas de los vikingos no eran muy saludables.

25 **Las casas de los vikingos no eran muy saludables.** No tenían ventanas, para evitar la pérdida de calor. Por este motivo, los hogares solían ser húmedos y estaban llenos de humo procedente del fuego que ardía en el hogar: las enfermedades respiratorias eran habituales. Algunos incluso morían por inhalar el monóxido de carbono que se produce cuando un fuego consume todo el oxígeno de una habitación.

¡NO ME LO PUEDO CREER!

A los vikingos les gustaba vivir en cabañas de este tipo porque el calor de los animales era como una especie de calefacción central, que daba calor a todos.

26 **Los dueños se sentaban en un lugar preeminente.** La mayoría de las familias vikingas tenía muy pocos muebles. Sólo los ricos podían permitirse comprar camas o mesas con patas fijas. Los hogares estaban amueblados con tablas con caballetes, arcones y bancos de madera. El centro del banco se destacaba con dos pilares de madera tallados y se reservaba como lugar de honor para el dueño. Los invitados importantes se sentaban frente a él.

Granjeros, pescadores y cazadores

27 **Los campesinos vikingos valoraban más los pastos que los campos de cultivo.** En las tierras del norte, el suelo era demasiado fino y pedregoso para que se dieran bien el trigo o la cebada. Los campesinos dependían de las ovejas y del ganado bovino para obtener carne y leche. Estos animales necesitaban pasto fresco para comer; por eso las tierras de pasto eran tan apreciadas.

28 **El lino y el heno eran las cosechas más importantes.** Eran necesarios para hacer ropa y alimentar al ganado. Las vestimentas exteriores eran de algodón y podían picar mucho; por eso las mujeres llevaban ropa más fina y suave en contacto con la piel. Usaban los tallos de una planta llamada lino, cultivada en suelo pantanoso. Los animales de la granja necesitaban heno (hierba seca) para comer en invierno, cuando la nieve cubría los pastos. Los agricultores vikingos cuidaban la hierba en pastos bien fertilizados, despúes la cortaban, la secaban y la almacenaban para el invierno.

29 Los cazadores y los pescadores encontraban alimentos en torno a la costa. Los vikingos vivían cerca de caladeros de pesca. Los pescadores usaban redes y trampas para atrapar peces de mar, como bacalaos y arenques, o de río, como salmones, truchas y anguilas. Recogían mejillones y ostras, y cazaban ballenas, sobre todo por su grasa. Los jóvenes escalaban peligrosos acantilados para coger aves marinas y huevos, o trepaban por pequeñas islas rocosas para capturar focas y leones marinos.

◀ Los vikingos no sólo estaban interesados en atacar y robar. Vieron que las islas Británicas proporcionaban buenas tierras de labranza y eran seguras para establecerse.

30 Los tramperos seguían la pista de animales salvajes. En Suecia y Noruega había muchos animales salvajes, como osos, lobos y zorros. Se cazaban por sus pieles, que se usaban para confeccionar ropas de abrigo o se vendían a clientes ricos. También cazaban ciervos por la carne, las astas y la piel. Las astas se utilizaban para fabricar cuentas y peines.

La comida y la bebida

31 **Los vikingos hacían dos comidas al día.** Por la mañana comían pan de centeno o gachas de avena, mantequilla o queso. La comida principal la tomaban a primeras horas de la tarde; incluía pescado o carne con bayas silvestres en verano. La carne se servía en platos de madera o cuencos de piedra y se comía con cuchillos de metal y madera o cucharas de hueso.

▼ Los objetos de cuerno eran ligeros pero muy resistentes, perfectos para los asaltantes o los comerciantes vikingos cuando se desplazaban.

Vaso de plata con dibujos utilizada por los ricos

Jarra de barro usada por los pobres

Cuerno para beber empleado por los guerreros

TEST

1. ¿En qué bebían los guerreros vikingos?
2. ¿Cómo hervían el agua los vikingos?
3. ¿Qué son las vísceras?
4. ¿Cuánto duraba un banquete?

Respuestas:
1. En cuernos de vaca 2. Con piedras calentadas al fuego 3. El corazón, hígado y pulmones de los animales 4. Una semana o más

32 **Los guerreros bebían en cuernos huecos.** Las bebidas favoritas de los vikingos eran la leche, el suero (el líquido que queda después de haber hecho el queso), la cerveza (preparada a partir de cebada de malta) y el vino con miel. Los ricos bebían en copas de cristal o plata, pero la gente del pueblo usaba tazas de madera o barro. En las fiestas, los guerreros bebían en curvos cuernos de ganado.

▲ Las verduras y legumbres incluían coles, guisantes, alubias, cebollas y ajo.

33 Las piedras calentadas al fuego servían para hervir el agua para cocinar. Como en muy pocas casas había hornos, las mujeres y los sirvientes hervían la carne en calderos de hierro, o en hoyos llenos de agua calentada con piedras puestas antes al fuego.

34 A los vikingos les encantaban las morcillas. Las preparaban con sangre fresca de animal y vísceras (corazón, hígado y pulmones) dentro de intestinos limpios de oveja que luego se hervían. A veces, añadían ajo, comino o bayas de enebro para dar sabor. Los vikingos las preferían a las verduras y legumbres, como coles, guisantes y alubias.

35 Los banquetes duraban una semana o más. A los vikingos les gustaba mucho celebrar sus victorias. Reyes y señores ofrecían fiestas para recompensar a sus guerreros, y las familias daban banquetes en las bodas. Los invitados se vestían con sus mejores galas y los anfitriones les ofrecían abundante comida y bebida. Nadie se marchaba hasta que la comida se acababa o se sentían cansados.

▼ Las mujeres vikingas y los esclavos preparaban grandes cantidades de comida en hogueras y las servían a los guerreros.

Mujeres y niños

36 Las mujeres vikingas eran bastante independientes. Llevaban la casa, cocinaban, hacían vestidos, criaban a los niños, organizaban a los esclavos y administraban las granjas y talleres cuando sus maridos estaban fuera.

▲ Las mujeres tejían paños en telares verticales con lana de oveja.

HAZ UN COLGANTE VIKINGO

Necesitarás:

Cordón de 40 cm de largo
Arcilla para modelar
Pintura blanca, amarilla, marrón, dorada o plateada
Pincel

1. Forma colmillos de animales con la arcilla, de unos 4 cm de largo.
2. Haz un orificio en el extremo más ancho de cada colmillo. Deja que se endurezcan.
3. Pinta los colmillos de blanco, marrón o amarillo. Cuando estén secos, decóralos con pintura dorada y plateada.
4. Pasa el cordón por los colmillos y ponte tu colgante ¡como un vikingo!

37 Sólo las viudas podían casarse con quien quisieran. Si un vikingo quería casarse, tenía que pedir permiso al padre de una joven y pagarle la dote de la novia. Si el padre lo aceptaba, el matrimonio seguía adelante, aunque la mujer no estuviera de acuerdo. Las viudas tenían mucha más libertad. No necesitaban el permiso de nadie para volver a casarse. Las leyes vikingas también otorgaban a las mujeres el derecho a pedir el divorcio si su esposo las trataba mal.

38 Las ancianas eran muy respetadas por sus sabios consejos.

Las ancianas eran muy respetadas por sus sabios consejos. Muchas mujeres vikingas morían jóvenes de parto o de enfermedades infecciosas. Por eso las ancianas, de 50 años o más, eran una pequeña minoría en la sociedad vikinga. Cuando aún estaban activas, eran respetadas por su conocimiento y experiencia. Pero si enfermaban, sus familias las consideraban una carga.

39 Los padres vikingos decidían qué hijos sobrevivían.

Los padres vikingos decidían qué hijos sobrevivían. Los padres necesitaban hijos fuertes que los cuidaran en la vejez. Si veían que el recién nacido parecía sano, lo rociaban con agua y le daban un nombre para demostrar que formaba parte de la familia; si les parecía débil, mandaban a los sirvientes que lo dejaran fuera para que muriese.

◀ Alimentar a las gallinas y recoger los huevos era parte del trabajo de las niñas vikingas. Aprendían a cultivar verduras y a cocinarlas, ayudando así a sus madres.

40 Los niños vikingos no iban al colegio.

Los niños vikingos no iban al colegio. Las hijas ayudaban a su madre en las tareas de la cocina y la limpieza, alimentaban a los animales de la granja, recogían agua, madera, frutos secos y bayas. Los niños aprendían a montar a caballo y a usar armas, porque tenían que estar listos para luchar cuando alcanzaban los quince o dieciséis años.

▲ Los niños vikingos aprendían a luchar con espadas de madera y escudos pequeños y livianos.

Vestimenta y joyas

41 Los vikingos llevaban mucha ropa para protegerse del frío. Las mujeres usaban un largo vestido de lino o lana, otro encima de lana más gruesa, pañuelos para la cabeza y chales. Los hombres llevaban túnicas de lana sobre una camiseta de lino y pantalones de lana gruesa; también capas de piel o de lana. Todos usaban guantes, calcetines y botas o zapatos de cuero.

► Les encantaba vestir ropa de vivos colores. Con frecuencia decoraban las prendas de vestir con galones de lana.

42 Pieles, lana y plumas también ayudaban a los vikingos a conservar el calor. Los vikingos forraban o ribeteaban las capas de lana con pieles, o las acolchaban, como edredones, con capas de plumas de ganso. Algunos agricultores usaban pieles de oveja para confeccionar capas, que eran difíciles de llevar, pero abrigaban mucho.

43 Los broches sujetaban la ropa vikinga. Había varios estilos diferentes. Los hombres llevaban grandes broches redondos, que prendían en el hombro derecho para sujetar la capa. Las mujeres llevaban un par de broches, uno en cada hombro, para ajustar los tirantes de los vestidos; también podían lucir otro broche en el cuello para sujetar la capa, y otro más con pequeños ganchos o cadenas para llevar las llaves de la casa.

► Este hermoso broche, decorado con hilos de oro, fue el adorno de un vikingo rico.

44 Los aros mostraban la riqueza y la valentía de los vikingos.

A los hombres, así como a las mujeres, les gustaba llevar muchas joyas. Creían que mejoraban su aspecto, pero también eran reflejo de su riqueza y, a veces, de sus hazañas. Los brazaletes y las gargantillas en particular se regalaban a los guerreros por haber luchado valientemente.

Brazalete de oro retorcido

▼ Los artesanos vikingos usaban diseños procedentes de distintas tierras para crear hermosas joyas.

Collar de estilo ruso de plata y cristal de roca

Alfiler de plata, típico del estilo británico

Pequeño aro de oro

45 Los colores favoritos de los vikingos para las prendas de vestir eran el rojo y el verde.

Los arqueólogos han encontrado restos de vestidos de vivos colores en yacimientos vikingos: fragmentos de galones, lazos de seda y hebras de oro y plata. Todo esto se empleaba para decorar la ropa.

¡NO ME LO PUEDO CREER!

Los vikingos importaban cargas de vidrio roto de Alemania para fundirlo y hacer hermosas cuentas de cristal.

Salud y belleza

46 **Los ingleses se quejaban de que los vikingos ¡eran demasiado limpios!** Decían que se cepillaban el pelo muy a menudo, se mudaban con frecuencia y se bañaban una vez a la semana, vertiendo agua sobre piedras calentadas al fuego para crear nubes de vapor. Se sentaban al vapor para sudar, se azotaban la piel con ramas de abedul para ablandar la suciedad y luego se zambullían en agua fría para aclararse.

▲ Los vikingos se «bañaban» en nubes de vapor. Baños de vapor similares, llamados saunas, son todavía muy populares en Escandinavia.

47 **Algunos vikingos llevaban su espada al retrete.** La mayoría de los hogares vikingos tenía un retrete fuera, que consistía en un cubo o un orificio en el suelo con un asiento de madera en la parte superior. Las paredes del retrete solían ser de ramas tejidas. Pero los guerreros que estaban en tierras enemigas usaban otro tipo de retrete, también en el exterior, que servía para cuatro personas; acudían a él llevando las espadas para protegerse.

▲ Los retretes vikingos podían haber sido como éste. Los vikingos usaban musgo seco, hierbas u hojas como papel higiénico.

48 Los vikingos usaban cebollas para diagnosticar la enfermedad.

Si un guerrero resultaba herido en el estómago durante una batalla, sus compañeros le preparaban un plato de gachas muy aromatizadas con cebolla y se las daban a comer. Esperaban y luego olían la herida. Si podían oler a cebolla, dejaban morir al guerrero: sabían que la herida había horadado el estómago y que el herido moriría de infección.

¡NO ME LO PUEDO CREER!

Los hombres vikingos ¡se maquillaban! En particular les gustaba el perfilador de ojos, tal vez hecho de hollín o de bayas machacadas. Pensaban que les hacía más atractivos.

▲ La fe en la energía curativa de las runas pudo haber ayudado a los vikingos a tener una vida mejor.

49 Para aliviar el dolor, los vikingos creían en las runas.

Preparaban medicamentos con hierbas, pero además creían que las runas (los caracteres de su escritura) tenían poderes curativos mágicos. Grababan hechizos y encantamientos en trozos de hueso y los ponían bajo la cabeza de los enfermos cuando dormían. También escribían runas en la palma de la mano de las parturientas para protegerlas del dolor.

50 El cuidado del cabello era muy importante.

Las mujeres vikingas llevaban el pelo largo. Lo dejaban suelto hasta que se casaban y después se lo recogían en la nuca. A los hombres también les gustaba lucir peinado. Se cortaban el pelo muy corto por detrás, pero se dejaban el flequillo muy largo. Por eso, para poder ver, algunos vikingos se trenzaban los mechones que colgaban a cada lado de la cara.

▲ Estilos de peinados vikingos. Las mujeres llevaban guirnaldas de flores en la cabeza en ocasiones especiales.

Hábiles artesanos

51 Los vikingos fabricaban la mayoría de los objetos que necesitaban. Las familias vikingas tenían que fabricar, y arreglar, casi todo lo que usaban, desde sus casas y sus muebles a los carros de las granjas, los juguetes de los niños y las ropas. No tenían máquinas, por tanto la mayoría del trabajo tenían que hacerlo a mano.

52 Los herreros viajaban de granja en granja. Muchos vikingos tenían una sencilla forja en su hogar, donde podían fabricar y reparar herramientas. Para el trabajo especializado dependían de expertos herreros, que viajaban por todo el país, o hacían largos desplazamientos a un taller de ciudad.

► Los herreros calentaban el hierro en hogueras hasta que estaba lo suficientemente blando para darle forma con un martillo y fabricar con él herramientas y armas.

53 Los huesos podían ser hermosos. Los hábiles artesanos usaban las astas de ciervo para hacer bonitos peines, que resultaban muy caros para casi todos. Tallaban los huesos que sobraban de la comida para hacer peines, cuentas y alfileres, así como etiquetas para el nombre y tablillas para tejer (que usaban para hacer galones con dibujos).

54 Los artesanos modelaban vasos en los acantilados. En muchas tierras vikingas había depósitos de una piedra blanda llamada esteatita. Era muy buena, pero pesada. Para trasladarla con seguridad a sus talleres, los canteros tallaban burdas formas de tazas y cuencos en los acantilados de esteatita, y después los remataban y pulían en casa.

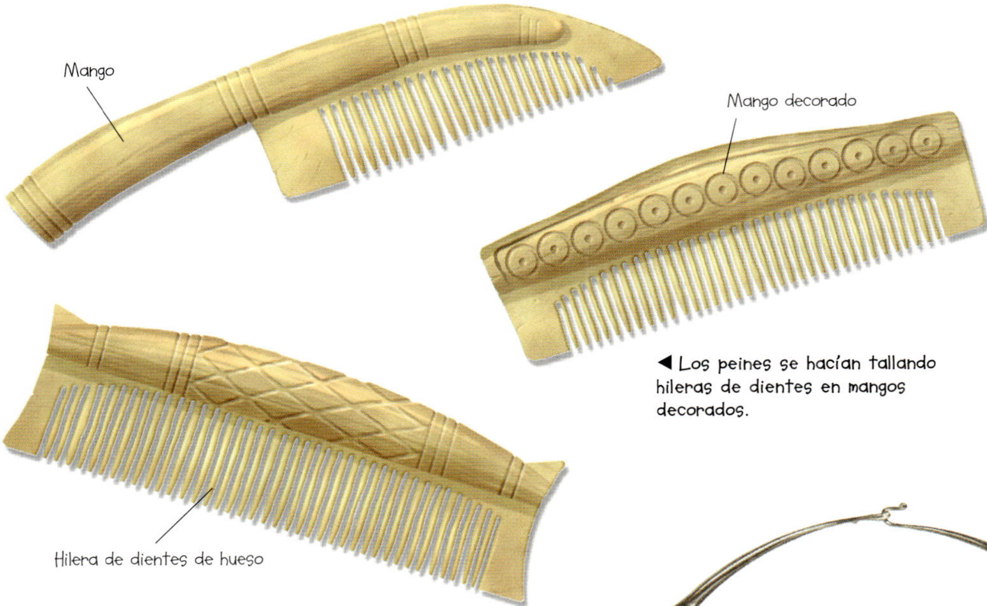

◀ Los peines se hacían tallando hileras de dientes en mangos decorados.

55 Los herreros tenían una técnica muy depurada. Para hacer un broche, martilleaban un troquel (un bloque de metal con el diseño del broche) en una hoja de plata. Luego añadían una filigrana (gotas de plata fundida) o esmalte (pasta negra vertida en líneas hechas en la plata). Para los brazaletes y collares, enrollaban hilos de plata.

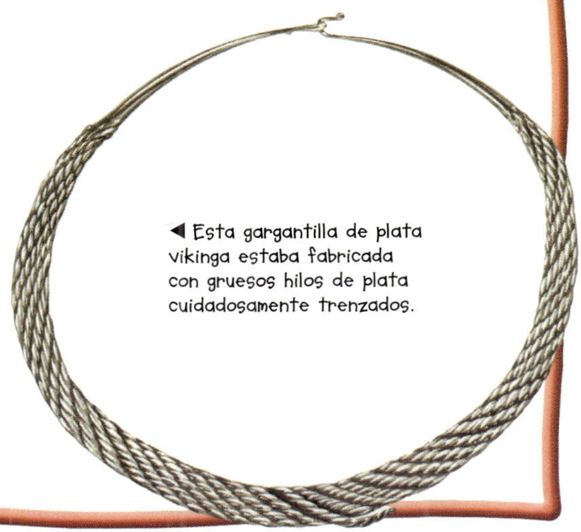

◀ Esta gargantilla de plata vikinga estaba fabricada con gruesos hilos de plata cuidadosamente trenzados.

Ciudades vikingas

56 Los reyes construían ciudades para estimular el comercio. Antes de que los vikingos fueran tan poderosos, los comerciantes se reunían en ferias una o dos veces al año. Los reyes vikingos decidieron construir ciudades para que el comercio pudiera seguir todo el año. Los comerciantes debían pagar impuestos.

▶ Los mercados vikingos solían celebrarse en las playas. Las familias de agricultores y comerciantes que viajaban se encontraban allí para comprar y vender.

¡NO ME LO PUEDO CREER!

Los primeros rusos eran vikingos. El nombre «Rusia» procede de la palabra «Rus», usada por las personas que vivían al este del mar Báltico para referirse a los comerciantes vikingos que se asentaban allí.

57 Las ciudades eran tentadores objetivos para los ataques. Los asaltantes de Rusia y del norte de Alemania navegaban por el Báltico para apoderarse de los bienes de los vikingos. Por eso los reyes protegían las ciudades levantando altos bancos de tierra y muros de madera, y enviando tropas.

58 Las casas de las ciudades eran distintas. Se construían muy cerca unas de otras. Eran más pequeñas que las del campo, pues se necesitaba menos espacio para las cosechas o los animales. La mayoría era de madera con tejados de paja. Muchas tenían talleres de artesanía y salones de exposiciones en el interior.

59 Las ciudades fabricaron las primeras monedas vikingas. Parece que no había monedas en Escandinavia antes de la época vikinga. Los comerciantes intercambiaban mercancías o las pagaban usando trozos de plata, que pesaban en diminutas pesas portátiles. Pero muchas monedas llegaban a tierras vikingas de los países extranjeros con los que se comerciaba o a los que se asaltaba. Hacia el año 825, los artesanos de la ciudad vikinga de Hedeby (hoy en el norte de Alemania) comenzaron a copiarlas. Más tarde otras ciudades hicieron lo mismo.

60 Los comerciantes vikingos dieron su nombre a Rusia. Los aventureros vikingos que visitaron las costas orientales del mar Báltico establecieron ciudades como bases comerciales. Algunas de las más importantes eran Staraja Ladoga, Novgorod (en Rusia) y Kiev (en Ucrania).

◀ Esta moneda vikinga muestra un barco mercante. Procede de la ciudad de Hedeby.

Ley y orden

61 Los vikingos seguían un estricto código de honor. Eran muy orgullosos y el buen nombre y el honor eran sus posesiones más preciadas. Era una desgracia ser llamado estafador o cobarde, o huir en una pelea. Los vikingos también apreciaban la lealtad. Hacían solemnes juramentos de fidelidad a señores y camaradas, y sellaban los tratos con un apretón de manos.

62 Muchas riñas se solucionaban luchando. Las reyertas entre familias vikingas con frecuencia conducían a profundas enemistades. Si se insultaba o se asesinaba a un miembro de una familia, los demás tenían la obligación de vengarle. Las reyertas continuaban durante largo tiempo, lo que causaba muertes en ambos bandos, hasta que las familias se decidían a buscar la paz y pagar una compensación.

▲ Los guerreros vikingos retaban a quienes les insultaban o hacían daño a sus familias a un duelo a muerte.

63 **Las leyes vikingas no estaban escritas.** Por el contrario, las memorizaba una especie de pregonero. Las recitaba en alto cada año para que todo el mundo las pudiera escuchar y comprender. Debido a su profundo conocimiento de las leyes, estos expertos solían ser consejeros de reyes y señores.

64 **Cada año los vikingos se reunían en el Thing.** Era una asamblea al aire libre que reunía a los hombres libres de un distrito. Se organizaba para castigar a los delincuentes y promulgar nuevas leyes. Las reuniones del Thing eran grandes ocasiones sociales donde personas de comunidades lejanas tenían la oportunidad de encontrarse e intercambiar noticias. Los comerciantes levantaban puestos con sus mercancías en una explanada cercana.

▼ Todos los hombres libres, desde los jefes nobles a los agricultores, podían hablar y votar en los Thing vikingos.

65 **No había piedad.** Los vikingos tenían que trabajar mucho para sobrevivir y no había sitio en la comunidad para débiles, vagos o rebeldes. Con frecuencia se condenaba a la horca a los ladrones, y los delincuentes que se negaban a pagar compensaciones o multas eran declarados proscritos. Era un castigo terrible: sin un hogar y una familia, era difícil sobrevivir.

TEST

1. ¿Cuáles eran los dos castigos más duros?
2. ¿Cómo solucionaban las reyertas familiares?
3. ¿Por qué se estrechaban las manos los vikingos?
4. ¿Quiénes recitaban las leyes?

Respuestas:
1. La horca y declarar proscrito a un delincuente 2. Luchando 3. Para sellar un trato 4. Los pregoneros

Juegos, música y deporte

▲ A los vikingos les encantaban los cuentos misteriosos y mágicos de dragones, elfos y monstruos, y las historias de los héroes locales.

66 Los vikingos adoraban la música, el baile y los payasos. En los banquetes, cantaban y bailaban. Según lo borrachos que estuviesen, el baile podía ser lento o desenfrenado. Los reyes y señores contrataban a bailarines, payasos, acróbatas y juglares para deleitar a sus invitados en los banquetes.

67 Los vikingos se reían con las bromas y los acertijos. Tenían un tosco pero ingenioso sentido del humor. Les gustaba gastar bromas y escuchar relatos sobre dioses y héroes que vencían a sus enemigos con artimañas. Los vikingos también jugaban a los dados y a juegos de mesa como el ajedrez y el «hneftafl» (tabla del rey). Pero no eran buenos perdedores, por lo que solían terminar peleando.

▶ Este tablero y fichas tal vez se usaran para jugar al «hneftafl», parecido al ajedrez.

68 Nadar, correr y saltar eran sus juegos de verano favoritos. En verano, el tiempo era lo bastante cálido para que los vikingos se desprendieran de casi toda la ropa. Así podían moverse con más libertad, y correr y saltar más rápido. En invierno, como llevaban tanta ropa, disfrutaban con deportes de nieve, como el esquí a campo traviesa, o el patinaje sobre hielo en los lagos y ríos helados.

¡NO ME LO PUEDO CREER!

Una de las historias de artimañas favorita relataba cómo el dios vikingo Thor, famoso por su barba y sus fuertes músculos, se disfrazó de novia, con velo, y simuló casarse con un gigante. Thor quería recuperar el martillo mágico que el gigante le había robado.

▼ Usaban arcos de madera de tejo, reforzados con fibras vegetales entrelazadas. Las flechas eran de madera de abedul, con puntas de hierro.

69 La práctica de los deportes constituía un excelente entrenamiento para la guerra. El lanzamiento de lanza, la lucha con espadas y el tiro con arco (disparar a dianas con arcos y flechas) eran muy populares. Además era un buen entrenamiento de las destrezas de lucha y ayudaba a los niños y jóvenes a fortalecerse, a familiarizarse con el manejo de las armas y a mejorar su puntería.

70 A los vikingos les gustaba presenciar la lucha y las peleas entre caballos. Los combates de lucha eran un excelente entrenamiento para la guerra. Un guerrero que perdía sus armas debía luchar para salvar la vida en el campo de batalla. Muchos vikingos presenciaban las luchas sólo para divertirse; disfrutaban con la violencia. También les gustaba presenciar luchas feroces entre sementales, que se atacaban con pezuñas y dientes.

Dioses y diosas

71 Los vikingos adoraban a muchos dioses. Los Aesir (dioses de la guerra) incluían a Odín, Thor y Tyr, y a Loki, que era un embaucador. Los Vanir (dioses de la fertilidad) incluían a Njord (dios del mar) y Frey (dios de los agricultores). Éste y su hermana Freya traían placer y fertilidad.

▼ Odín, el dios vikingo de la guerra, montaba un caballo de ocho patas. Dos cuervos, llamados Pensamiento y Memoria, volaban a su lado.

▼ La hermosa diosa vikinga Freya conducía un carro tirado por gatos.

72 Los vikingos sacrificaban animales, y personas. Creían que podían obtener favores de los dioses si les ofrecían regalos. Como la vida era el don más preciado, ofrecían a los dioses sacrificios vivos. Los vikingos también preparaban platos de carne (llamados sacrificios de sangre) para compartir con los dioses.

73 El destino controlaba a los vikingos. Según las leyendas, tres hermanas, las Nornas, decidían lo que iba a suceder en el mundo. Se sentaban a los pies del Yggdrasil, el árbol gigante que sujetaba el universo, tejiendo «el hilo del destino». También visitaban a los recién nacidos para decidir su futuro. Una vez decidido, nada podía cambiarlo.

74 **Después de la muerte, los vikingos iban al reino de Hel.** Los que morían en batalla iban al Valhalla o al tranquilo hogar de Freya. Las muchachas solteras también se reunían con Freya y los hombres buenos iban a vivir con los dioses del cielo. La gran mayoría, que moría de enfermedad o de vejez, sólo podía aspirar al Niflheim; era un lugar lúgubre, envuelto en fría niebla y gobernado por una diosa feroz llamada Hel.

▶ Los vikingos pedían ayuda al fiero y terrible dios Tyr para lograr victorias.

75 **Hacia el final de la era vikinga, muchas personas se convirtieron al cristianismo.** Misioneros procedentes de Inglaterra, Alemania y Francia visitaron las tierras vikingas a partir del año 725. Los vikingos continuaron adorando a sus propios dioses en los siguientes 300 años. Hacia el año 1000, reyes vikingos, como Harald Dienteazul y Olaf Tryggvason (San Olaf), decidieron seguir la fe cristiana. Construyeron iglesias y animaron a su pueblo a convertirse.

▼ Njord era el dios del mar. Estaba casado con la gigante Skadi, que vigilaba sobre las nevadas montañas.

TEST

1. ¿Quién era Loki?
2. ¿Qué árbol sujetaba el universo?
3. ¿Adónde iban los guerreros cuando morían?

Respuestas:
1. Un dios embaucador
2. El Yggdrasil 3. Al Valhalla

Héroes, leyendas y sagas

◄ Los vikingos amaban las leyendas, historias que quedaron registradas más allá de acontecimientos de la vida y de la gente famosa.

76 Los vikingos honraban a los héroes que morían en batalla. Relataban historias, llamadas «sagas», sobre sus aventuras para que su nombre y fama perduraran en el tiempo. Estos relatos se propagaron de boca en boca durante muchos años. Al final de la época de los vikingos, se escribieron.

77 Los skalds componían y recitaban los relatos de las sagas. Los reyes y señores vikingos tenían sus poetas personales, llamados skalds. Su trabajo era cantar y recitar poemas en alabanza de su señor, y entretener a los invitados en las fiestas. La mayoría se acompañaban de arpas o liras cuando recitaban sus poemas o canciones.

78 Los vikingos temían que el mundo se pudiera acabar. Muchos relatos vikingos predecían el Ragnarok, o la muerte de los dioses. Iba a ser una época terrible, en la que las fuerzas del bien se enfrentarían con los poderes del mal. Los dioses vikingos lucharían contra gigantes y monstruos, y perderían. Y sería el fin del mundo.

▼ Las leyendas vikingas contaban que el mundo llegaría a su fin en la batalla de Ragnarok. También que nacería un nuevo mundo a partir de las ruinas del antiguo.

▲ Los vikingos creían que las valquirias (mujeres guerreras) conducían a los hombres que habían muerto en la guerra a vivir con Odín al Valhalla (la sala de los hombres valientes).

79 Los vikingos creían en espíritus y monstruos.

Había poderes invisibles que vivían en el mundo natural. Algunos, como los elfos, eran amables y colaboradores, enviaban buenas cosechas y hermosos niños. Otros, como los gigantes que comían humanos, eran malvados y crueles. Imaginaban a los monstruos como inmensos y fieros animales. Tallaban estas cabezas de monstruos en los barcos y piedras para alejar a los malos espíritus.

◀ Este amuleto vikingo de plata tiene la forma del martillo de Thor.

TEST

1. ¿Cómo llamaban los vikingos al fin del mundo?
2. ¿A quiénes alababan los skalds?
3. ¿Por qué llevaban los agricultores martillos al cuello?
4. ¿Qué comían los gigantes?

Respuestas:
1. Ragnarok 2. A sus señores 3. Para atraer la fertilidad a los campos y animales 4. Seres humanos

80 Los amuletos de la suerte protegían a guerreros y agricultores.

Los vikingos se colgaban al cuello amuletos con la forma del martillo mágico del dios Thor. Los guerreros creían que estos amuletos les iban a dar más fuerza en la batalla. Los agricultores los usaban para atraer la fertilidad a sus campos y animales.

Muerte y enterramiento

81 Los primeros vikingos quemaban a sus muertos. Al comienzo de la era vikinga, los cuerpos de los fallecidos se quemaban en grandes hogueras. Sus cenizas se recogían y se enterraban en urnas de barro. Entre los años 800 y 900, algunos pueblos empezaron a enterrar los cuerpos sin incinerar.

82 A los muertos se les enterraba con objetos útiles que les iban a servir en el más allá. Los vikingos creían que las almas de los muertos sobrevivían y que iban a vivir en otro mundo. Por lo tanto, los cuerpos de los fallecidos se rodeaban de objetos funerarios, es decir, de toda clase de objetos que pudieran necesitar. En el caso de los guerreros ricos, se les rodeaba de ropa, armas, caballos y, a veces, se enterraban con él a su esposa y a esclavos. Las mujeres ricas se enterraban con ropa, joyas, muebles y todo el equipo para tejer e hilar.

83 Las tumbas vikingas han sobrevivido durante cientos de años.

Los arqueólogos han descubierto muchas colecciones de objetos funerarios en excelente estado. Algunos, como joyas, cerámica y piedras talladas, están fabricados con materiales que no se descomponen. Otros, como la ropa, han perdurado de casualidad. Incluso otros, como los que pertenecen a enterramientos en barcos, se han conservado bajo el agua. Todos aportan valiosas evidencias sobre la vida en la época vikinga.

▼ Estas piedras dispuestas en forma de casco de barco señalan un antiguo enterramiento vikingo.

84 Los vikingos creían que los barcos iban a llevar sus almas muy lejos.

Por eso rodeaban las urnas crematorias con piedras dispuestas en forma de barco. Algunos de estos cercados de piedras eran muy grandes (de hasta 80 metros de largo) y tal vez se usaban como lugares de oración. Los vikingos poderosos se enterraban o quemaban en barcos de madera auténticos, junto con valiosos objetos funerarios.

◀ El muerto se depositaba en una especie de tienda de tela a bordo de un barco auténtico. Después se prendía fuego al barco para que el alma pudiera «navegar» hacia el Más Allá.

85 Los vikingos trataban a los cuerpos de los fallecidos con gran respeto.

Los lavaban, vestían y envolvían con telas o corteza de abedul antes de enterrarlos o quemarlos. Esto lo hacían porque creían que los muertos volvían como fantasmas si no se les trataba con consideración.

¡NO ME LO PUEDO CREER!

Algunos esqueletos y barcos de madera vikingos enterrados en suelos ácidos se han descompuesto completamente. Pero han dejado «sombras» en el suelo, que utilizan los arqueólogos para averiguar cosas sobre ellos.

Escritura e inscripciones

86 Muy pocos vikingos sabían leer y escribir. Dependían de la palabra hablada para comunicarse y de la memoria para recordar datos de las cosechas, historias o acontecimientos importantes. Al comienzo de la era vikinga, todos hablaban el *donsk tunga* (lengua danesa). Pero después del año 1000, se desarrollaron diferentes dialectos.

▲ Runas vikingas. Empezando por arriba a la izquierda, estos símbolos equivalen a los siguientes sonidos: F U Th A R K H N I A S T B M L R.

87 Los escribas vikingos escribían en «runas». El alfabeto vikingo tenía 16 letras, llamadas runas. Se usaban para etiquetar objetos valiosos con el nombre del propietario, para registrar cuentas, mantener calendarios y para enviar mensajes. Las runas se escribían sólo con líneas rectas; de esta forma, resultaba más fácil grabarlas en madera y piedra, porque los vikingos desconocían el papel.

▼ Los vikingos utilizaban puntas de metal para tallar runas en objetos útiles y valiosos.

Calendario vikingo

Asta de ciervo con runas grabadas

Las runas de este peine indican el nombre del propietario.

88 Las runas se empleaban para formular hechizos mágicos. A veces se usaban para escribir mensajes en código secreto, o incluso hechizos mágicos. Daban supuestos poderes especiales al objeto donde eran grabadas. Algunas inscripciones rúnicas todavía no se han descifrado.

▲ Las piedras rúnicas eran registros escritos de ciudadanos vikingos.

89 Las piedras rúnicas relatan historias. Las familias ricas contrataban a expertos en runas para tallar inscripciones rúnicas en las piedras, en alabanza y conmemoración de los padres e hijos fallecidos. Los más vanidosos tenían piedras talladas con detalles de sus propias hazañas. Cuando se completaban los grabados, las piedras rúnicas se colocaban en lugares públicos para que todo el mundo pudiera verlas.

90 En algunas tierras vikingas, sus habitantes grababan piedras conmemorativas con imágenes, en vez de con runas. Mostraban escenas de la vida del fallecido y detalles de sus aventuras, junto con dibujos de dioses, gigantes y monstruos.

▲ Algunas piedras talladas describían las hazañas de una persona; otras conmemoraban a los seres queridos que habían muerto.

ESCRIBE COMO LOS VIKINGOS

Utiliza el gráfico de la página 42 para escribir en runas las palabras RUINAS y TUMBAS. El alfabeto vikingo se llamaba «futhark», por las primeras seis letras. Tenía una letra especial para el sonido «d» y no había letras para la «e» y la «o». Incluso para los vikingos era difícil escribir algunos nombres y palabras.

El fin de los vikingos

91 **Los reyes derrotaron el poder vikingo.** Tras el año 1000, los reyes de Inglaterra, Escocia e Irlanda empezaron a vencer a los vikingos. Brian Boru, rey de Irlanda, les derrotó en 1014; en Inglaterra el poder vikingo acabó en 1042. Los reyes de Noruega, que descendían de los vikingos, gobernaron parte de Escocia hasta 1266, y las islas Orcadas y Shetland hasta 1469.

▶ El día de San Bricio (13 de noviembre) de 1002, el rey inglés Ethelred II ordenó matar a todos los daneses que vivían en Inglaterra.

92 Los vikingos aprendieron a vivir junto a otros pueblos.

En la mayoría de los lugares donde se asentaron, se casaron con mujeres locales y trabajaron con los habitantes. Algunas de sus palabras y costumbres se fusionaron con las locales, pero otras desaparecieron. Las tradiciones vikingas sólo sobrevivieron si el lugar donde se asentaban estaba deshabitado, como Islandia o las islas Orcadas, en la costa norte de Escocia.

▲ En 1066, los normandos, descendientes de los vikingos que se habían asentado en Normandía (Francia), invadieron y conquistaron Inglaterra. Esta escena del Tapiz de Bayeux (un tapiz bordado) muestra los barcos de estilo vikingo.

93 El cristianismo acabó con la fe en los dioses vikingos.

Los vikingos creían que sus dioses, como Thor y Odín, iban a castigarlos si no se les adoraba y mataban a los misioneros cristianos. Pero los misioneros sobrevivieron, así como los vikingos que se hicieron cristianos. Esto hizo que los vikingos se preguntaran si sus dioses tenían algún poder.

◀ Los cristianos que vivían en Escandinavia después del fin de la era vikinga tallaron imágenes de Jesucristo para colocarlas en sus iglesias, como símbolo de su fe.

94 Los vikingos fundaron nuevos reinos lejos de sus tierras.

En lugares alejados, como Novgorod, en Rusia, o Normandía, en el norte de Francia, los señores vikingos fundaron reinos que evolucionaron de forma independiente. A lo largo de los años, perdieron el contacto con sus orígenes vikingos y crearon nuevas costumbres, leyes y estilos de vida.

95 Los colonos vikingos abandonaron América.

Poco después del año 1000, Thorfinn Karlsefni, un comerciante vikingo de Islandia, dirigió a unos cien hombres y mujeres vikingos para poblar Vinland, el lugar de Norteamérica donde llegó Leif Eriksson. Permanecieron allí dos años, pero pronto lo abandonaron porque los nativos americanos les atacaron y les expulsaron.

Vestigios de los vikingos

96 Algunos días de la semana en inglés tienen nombres vikingos. Los vikingos adoraban a distintos dioses en diferentes días de la semana. En inglés aún se usan algunos de estos nombres de dioses. Por ejemplo, *wednesday* (miércoles) significa «día de Woden», *thursday* (jueves) es «día de Thor» y *friday* (viernes), «día de Freya». En los actuales idiomas escandinavos, el sábado se llama «día del baño», porque era el día en que los vikingos se bañaban.

97 En inglés aún se usan palabras vikingas. En los países donde se asentaron los vikingos, se impuso su idioma y se dieron nombres vikingos a los alrededores. Muchas palabras vikingas para objetos cotidianos aún sobreviven en inglés, como *sister* (hermana), *knife* (cuchillo) y *egg* (huevo). Muchos lugares del norte de Europa tienen nombres vikingos, como Thorpe (granja alejada), Firth (estuario del río), Cabo Wrath (Cabo de la ira) o Kirkwall (bahía de la iglesia).

98 Un relato vikingo inspiró la obra más famosa de William Shakespeare. Shakespeare (1564-1616) vivió unos 500 años después de los vikingos. Utilizó uno de sus relatos para el argumento de una de sus obras de teatro más conocidas, la de Hamlet, el príncipe de Dinamarca, incapaz de decidir qué hacer tras el asesinato de su padre.

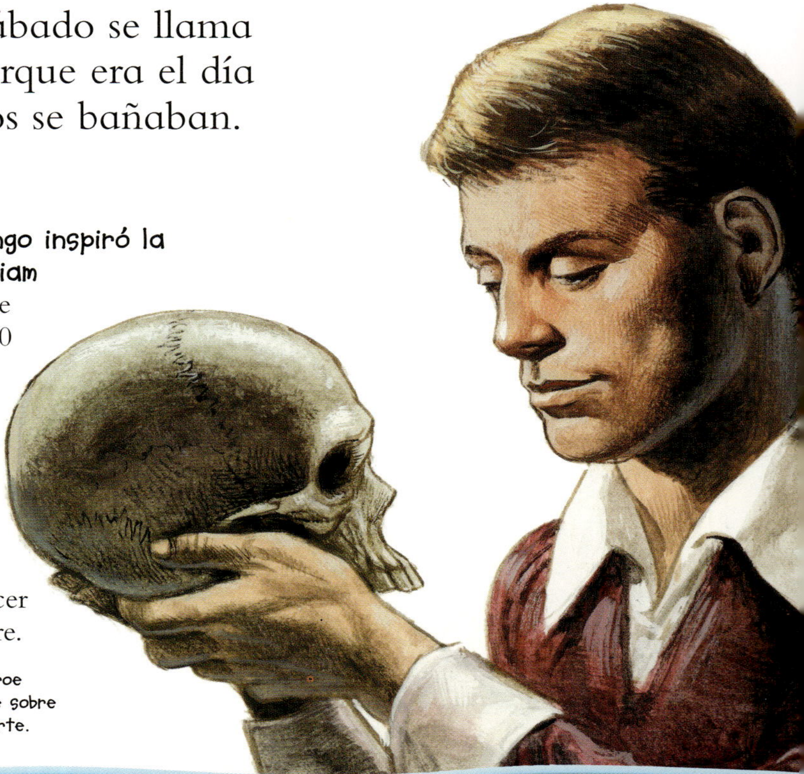

▶ En la obra de Shakespeare, el héroe trágico Hamlet medita profundamente sobre el significado de la vida y de la muerte.

99 **Hoy en día todavía se celebran festivales vikingos.** Por ejemplo, en las islas Shetland, donde se asentaron muchos vikingos, los habitantes celebran el «Up-Helly-Aa» el último martes de enero. Se visten de vikingos, desfilan por las calles y al final queman una maqueta de un barco de guerra vikingo de tamaño natural.

100 **Santa Claus era originalmente un dios vikingo.** Yule (a mediados del invierno) era una de las festividades vikingas más importantes. Los vikingos festejaban el día y se intercambiaban regalos. También creían que los dioses vikingos cruzaban el cielo trayendo sorpresas ¡cómo Santa Claus!

▶ En nuestros días, como en la época vikinga, la luz y el calor de las hogueras en las festividades de invierno traen esperanza y alegría al tiempo frío y oscuro.

▲ Esta imagen moderna de Santa Claus le muestra cruzando el cielo con un trineo de estilo vikingo, tirado por renos de las tierras vikingas.

Índice